AF492841

TRIUNFA CON TU LIBRO

CÓMO PUBLICAR UN LIBRO SIN EDITORIALES CHUPASANGRE

- Guía de 7 pasos para autopublicar en Amazon -

Kevin Albert

ISBN 978-9916-9938-7-3

Aviso: Este trabajo se deriva de la experiencia del autor en la escritura, publicación y venta de libros. Su objetivo es informar e inspirar a otros escritores, proporcionándoles herramientas y estrategias para triunfar en su camino hacia la autopublicación. No existe una fórmula mágica para todos, por lo que las ideas y consejos expuestos deben ser seleccionados y adaptados cuidadosamente para satisfacer las necesidades, metas y deseos de cada individuo particular.

*La mujer del César no solo debe serlo,
sino parecerlo.*

— JULIO CÉSAR

ÍNDICE

¡Un regalo solo para ti!

¿Te gustaría leer **mi próximo libro completamente GRATIS**? ¡Escanea el código que aparece debajo y **apúntate a mi club de lectores**!

Te esperan grandes sorpresas: sé el primero en leer mis nuevos lanzamientos, escucha mis audiolibros de forma gratuita, consigue copias firmadas y dedicadas... ¡y mucho más!

Introducción

Tras haberme pasado cuatro largos años escribiendo mi primer libro, a principios de 2016 finalmente había concluido con la última de las decenas de correcciones por las que mi trastorno obsesivo compulsivo me había obligado a pasar mi obra antes de considerar que era digna de ver la luz. Por fin había llegado el momento. Antes de que pudiese darme cuenta, mi libro estaría publicado.

O eso es lo que pensaba yo. Y es que, no fue hasta mediados de ese año, unos seis meses después, cuando mi libro salió a la venta. ¿De verdad tiene que pasar tanto tiempo desde que se termina de escribir un libro hasta que se publica?

Pues, DEPENDE.

Por ponernos en los extremos: si te pones en manos de una editorial, es posible que tu obra maestra termine publicándose años después de tu muerte (como le sucedió a J.R.R. Tolkien con *El Señor de los Anillos*), y si decides autopublicarla tú mismo sin llevar cuidado alguno en los detalles, puedes hacerlo en menos de treinta minutos.

Ninguna de estas dos fórmulas resulta muy prometedora; la primera, porque nunca disfrutarás del éxito que pueda generar tu obra; y la segunda, porque las prisas por publicar y el no atender cada detalle suelen ser garantía de que no coseches éxito alguno.

¿Existe algún camino intermedio? ¿Es posible publicar un libro sin tener que esperar meses o años hasta que una editorial decida que eres digno de publicar bajo su nombre y, además, hacerlo con las mismas garantías de éxito?

SÍ, EXISTE.

Y ese, amigo mío, es el objetivo de este libro: voy a enseñarte cómo pasé de publicar mi primera obra en algo más de seis meses a hacerlo en menos de una semana y con las **máximas garantías de éxito**.

Autopublicación vs editorial

Si ya me conocías de antes o si leíste la primera parte de *Triunfa con tu libro*, sabrás que mi primer libro *Branding Low Cost*[1] acabé autopublicándolo a través de Amazon. Tomar esta decisión y no las demoras típicas de una editorial fue lo que retrasó su lanzamiento seis largos meses.

Soy de los que cuando tienen que tomar una decisión importante analiza todas y cada una de las variables posibles, y claro, después de haber dedicado más de cuatro años a escribir mi libro, esta, sin lugar a dudas, era una decisión fundamental y no estaba dispuesto a dejarla en manos del azar. Así que, como es habitual en mí, hice muy bien mis deberes.

---

[1] *soykevinalbert.com/books/blc*

Aunque siempre suelo empezar mis investigaciones por internet, por aquel entonces, al haberme convertido en un experto mientras escribía mi primer libro, estaba muy bien relacionado con otros muchos expertos (de dentro y fuera del mundo del *branding*) que, «por casualidad», ya tenían uno o varios libros publicados.

De modo que el primer paso de mi investigación consistió en reunirme con seis de estos experimentados escritores para preguntarles por el camino que habían elegido ellos (editorial o autopublicación) y por su experiencia.

No sé si me quedé más sorprendido al descubrir que todos habían publicado sus libros a través de una editorial o al conocer sus motivos para hacerlo: cinco de ellos coincidían en pensar que publicar con una editorial «te da más caché».

Si ya estaba desconcertado con estos primeros hallazgos, el siguiente descubrimiento me dejó de piedra: cinco de los seis (sí, los mismos del *caché*)

habían pagado por publicar sus libros. Y no poco, pues según me confesaron algunos de ellos: **publicar les había supuesto una inversión económica que seguramente nunca recuperarían vendiendo libros**.

¡¿PERO QUÉ COJO***?! ¡¿Para publicar iba a tener que endeudarme?! ¡Eso no es lo que yo había visto en las películas!

Lo que yo tenía entendido es que si habías escrito un buen libro y tenías «la suerte» de que a la editorial de turno le gustase y apostase por él, esta se ocupaba absolutamente de todo: te daba un cheque, un porcentaje de las ventas y tú de lo único que tenías que preocuparte era de firmar libros en El Corte Inglés[2].

O yo me había vuelto idiota... o aquí estaba pasando algo raro.

Y efectivamente, algo raro estaba pasando.

---

[2] El Corte Inglés es una cadena de centros comerciales de España de toda la vida... que ya huele a viejuno.

Por suerte para mi investigación, uno de estos seis expertos no había tenido que pagar para publicar su obra y pudo confirmarme que, efectivamente, la cosa funcionaba de forma muy similar a como yo pensaba (sin la parte de El Corte Inglés). Según me explicó, aunque su cheque inicial fue de menos de 2.000€ y que las regalías anuales eran cercanas a cero, **una editorial nunca te pide dinero para publicar tu libro**.

El resto de los entrevistados había caído en lo que se conoce como «el timo de la editorial». A grandes rasgos, consiste en que una **imprenta**, que vive de imprimir, se presente como una **editorial**, que vive de vender libros. Da igual que se llame **editorial de coedición o autoedición**. Si tienes que pagar «lo que sea» para publicar tu libro, ES UNA IMPRENTA.

Si quieres saber más sobre el tema, solo tienes que introducir «timo o estafa de las editoriales» en Google y podrás leer largo y tendido sobre estos caraduras. Encontrarás historias personales de rabia y frustración que espero que te sirvan para no caer en su **trampa perfectamente diseñada**.

Habiendo llegado a este punto, y según la información con la que contaba, tenía dos opciones:

1. Podía publicar mi libro con una imprenta en menos de un mes, gastándome unos cuantos de miles de euros[3].

2. Podía pasar meses contactando con editoriales «de verdad» y cruzando los dedos para que alguna «me hiciese el favor» de publicar mi libro y de pagarme dos mil euritos más unas regalías prácticamente inexistentes[4].

Viendo este panorama tan poco alentador, no me quedaba otra que hacer uso de mi espíritu emprendedor y descubrir por mí mismo el camino de la autopublicación.

---

[3] Los autores entrevistados gastaron entre 3.000€ y 20.000€.
[4] Si eres autor novel, las condiciones raramente serán mejores.

Como ya te imaginarás, el experimento salió bien. Tan bien que no solo acabé escribiendo el libro que tienes entre tus manos, sino que incluso algunos de estos autores, que estaban la mar de contentos con «su caché», pasaron a ser mis clientes :)

Motivos para autopublicar

Ya hemos visto dos buenos motivos para decantarnos por la autopublicación:

1. Es mucho más rápido que hacerlo con una **editorial de verdad**.

2. Es mucho más barato que hacerlo con una **editorial de mentira**.

Tal vez lo que deberíamos empezar preguntándonos es:

¿Por qué NO autopublicar?

Si tuviésemos que fiarnos del criterio de los autores a los que entrevisté, los motivos para optar por una editorial tradicional serían básicamente dos:

1. Publicar con una editorial de renombre **da más caché**.

2. Autopublicar un libro «de forma profesional» **no es tarea fácil**.

Si te digo la verdad, en parte, les doy la razón. Me explico:

En cuanto al primer punto, efectivamente, si publicas con una editorial internacionalmente reconocida y esta te ayuda a vender millones de ejemplares en todo el mundo, sí, una editorial te da más caché. Peeero si pagas varios miles de euros para que la editorial «de coedición» de la vuelta de la esquina «imprima» tu libro, perdona que te lo diga, pero tú no eres un autor con caché, eres un *pringao*.

Y en cuanto al segundo punto, vuelvo a estar de acuerdo. Autopublicar un libro «de forma profesional» no es tarea fácil. No hay más que echar un vistazo al catálogo de Amazon para ver las aberraciones que millones de autores *indies* suben a la plataforma mostrando sus habilidades con Photoshop (o peor aún, ¡con Paint[5]!), o deleitando a los lectores con lo que es capaz de hacer el autocorrector de Word. Si te digo la verdad, cuando digo que soy autor autopublicado temo que se me relacione con estos fenómenos.

Pero, ¿qué me dirías si te dijera que puedes autopublicar tu libro con la misma calidad que lo haría una editorial, pero sin tener que aprender diseño gráfico o hacer una carrera en filología hispánica y, además, conseguirlo en menos de una semana?

Autopublicar un libro es fácil. Como ya comenté, puedes hacerlo en menos de treinta minutos. Autopublicar un libro **y que no parezca autopublicado** tiene su truco, ¡pero precisamente de eso va este libro!

---

[5] Programa de edición de imágenes que venía con Microsoft Windows edición 1.0. No hace falta decir más.

Si sigues los pasos que voy a ir contándote en esta guía, no solo podrás autopublicar con la misma calidad con la que lo haría una buena editorial y obtener el mismo caché o más, sino que disfrutarás de muchos beneficios ocultos de los que disfrutamos los autores autopublicados, como la libertad de escribir lo que tú quieras y con tus propias palabras y no lo que tu editor haya decidido que es más «apropiado»; o el control y la flexibilidad de experimentar y probar cosas nuevas cuando tú, y solo tú, lo decidas, ganando además un muy buen dinero por el camino.

Si todos estos motivos no han terminado de convencerte y tú sigues con la ilusión de publicar con una gran editorial, adelante, aunque yo te recomendaría que primero demostrases de lo que eres capaz de conseguir con una «simple» autopublicación y, una vez hayas demostrado que existen miles de personas dispuestas a comprar tu libro, contactes con esa editorial que tanta ilusión te hace. Ahora serás tú quien negocie las condiciones.

Por qué Amazon

Si con todo lo que te he contado ya te has convertido en un fan incondicional de la autopublicación, como es mi caso, ahora mismo te estarás preguntando:

«¿Dónde autopublico mi libro?»

Son muchas las plataformas en las que puedes autopublicar tu obra, algunas incluso con mejores condiciones que Amazon (en lo que a regalías se refiere). Entonces, ¿por qué terminé decantándome por Amazon y por qué no dudo en recomendarte que tú hagas lo mismo?

Son varios los motivos que inclinaron mi balanza hacia la compañía de Bezos[6], pero hay uno tan contundente que en realidad no hace falta decir mucho más: Amazon es la mayor librería del mundo y, por tanto, **posee la mayor base de datos de posibles lectores para tu libro**. Esto quiere decir que **el potencial para vender y ganar dinero con tu obra es mucho más grande en Amazon** que en ninguna otra plataforma.

Y por si esto no fuese suficiente: también dispone del mejor panel de control en el que poder llevar un seguimiento exhaustivo de todo lo que sucede con tu libro, una plataforma exclusiva para que puedas promocionarlo, ofrece la opción de publicar tanto libros digitales como físicos en decenas de formatos diferentes, tiene un servicio de entrega nunca visto hasta el momento (no tardaremos en ver nuestros libros repartidos por drones inteligentes en cuestión de unas pocas horas o minutos), etc.

---

[6] Jeff Preston Bezos es el fundador y director ejecutivo de Amazon.

De acuerdo, de acuerdo... Amazon es la po**a, pero, ¿por qué no publicar también en el resto de plataformas? Esta pregunta estuvo rondando mi cabeza durante meses. Finalmente, decidí aplazar indefinidamente esta idea. Los motivos que me llevaron a tomar esta decisión fueron dos:

1. Publicar en una plataforma requiere de unos pocos minutos. **Dominar una plataforma requiere dedicación** y por ello acabé pensando que sería mejor focalizar mis esfuerzos en la plataforma nº1 en lugar de dispersar mis energías en otras con un menor potencial.

2. **En Amazon, la exclusividad tiene premio**. Si prometes no publicar tu libro electrónico en ninguna otra plataforma, Amazon te ofrece la posibilidad de participar en su programa KDP Select.

Y esto, señores, es algo muy interesante.

Programa KDP Select

KDP Select es un programa promocional que implica darle a Amazon la exclusividad para vender tu libro en formato digital (en papel o en audio puedes seguir vendiéndolo donde quieras) durante 90 días. Pasado este periodo, puedes elegir si seguir o no en el programa.

Por defecto, esta opción **no está seleccionada** y debes marcarla cuando publiques. En caso de no hacerlo en ese mismo momento, puedes inscribirte después desde la página principal de tu libro. También se renueva de manera automática, así que si quieres darte de baja, debes desmarcar la opción antes de que se cumpla el plazo.

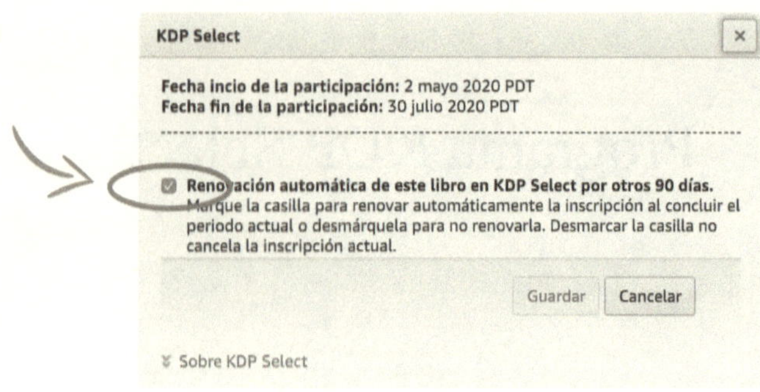

Localización opción KDP Select.

Estar inscrito en este programa te otorga una serie de beneficios y herramientas muy interesantes para ayudarte a triunfar con tu libro y que, además, parece que van ampliando y mejorando con el paso del tiempo.

El uso y análisis de estas herramientas ahora mismo no debe preocuparte demasiado[7], pues corresponde más a la fase promoción, pero sí es importante que conozcas **los 3 beneficios principales de KDP Select** a la hora de publicar tu libro y decidir entonces si otorgar o no esta exclusividad a Amazon:

---

[7] Si tienes curiosidad, puedes encontrar más información en su propia página web: *soykevinalbert.com/kdpselect*

1. **Mayores comisiones.** La primera ventaja de estar suscrito a este programa es que, en países como Japón, la India, México y Brasil, los *royalties* por las ventas de tu *eBook* pasarán del **35% al 70%**.

2. **Mayores ingresos.** Toda obra inscrita en KDP Select se incluye automáticamente en **Kindle Unlimited**, un programa en el que los clientes pueden leer todos los libros que quieran y quedarse con ellos por un tiempo indefinido pagando una suscripción mensual. Esto, para ti como autor, abre **una nueva vía de ingresos** pues además de recibir *royalties* por las ventas de tu libro, **Amazon también te pagará por cada página leída** por un cliente que esté suscrito a Kindle Unlimited.

3. **Mayor visibilidad.** Las evidencias parecen indicar que Amazon «trata mejor», es decir, da mayor visibilidad a aquellos libros que están inscritos en KDP Select simplemente por el hecho de estarlo. Además, las páginas leídas, al

igual que las ventas, aumentan el *ranking* de un libro haciéndolo escalar posiciones en la biblioteca de Amazon, contribuyendo a su vez a una mayor visibilidad. Un maravilloso círculo vicioso: **a mayor visibilidad, mayores ventas; a mayores ventas, mayor visibilidad.**

Edición:
corrección profesional a precios *low cost*

Una vez que tienes claro que vas a autopublicar tu libro, ya sea con Amazon u otra plataforma, es hora de ponerse manos a la obra.

Aunque considero la edición más como parte del proceso de escritura que del de publicación, he decidido añadir este capítulo para aquellos que se hayan saltado el primer libro de la serie *Triunfa con tu libro: Cómo escribir un libro de no ficción en 30 días*[8]. Si ya lo leíste, pasa al siguiente capítulo. Si no lo hiciste y tu

---

[8] Puedes conseguirlo aquí: *soykevinalbert.com/books/tctl1*

libro todavía no ha pasado por las manos de un editor, o incluso si lo ha hecho, este capítulo te va a hacer un gran favor.

Tanto si eres un escritor más bien regularcillo (como yo) y lo que tienes en tus manos es tan solo un borrador, como si te consideras el nuevo Cervantes con la versión mejorada de *El Quijote* lista para salir a la venta, **tu libro tiene que pasar por un proceso de edición antes de publicarse**. Punto.

En el proceso de edición, tu obra va a pasar por tres manos: las tuyas, las de tus lectores beta y las de un editor profesional.

Fase 1: autoedición.

La primera revisión de tu libro te corresponde hacerla a ti. Además, va a ser una revisión triple. Esto significa que, en lugar de leer tu libro tratando de corregirlo todo de una vez, vas a leerlo tres veces prestando atención a un único aspecto en cada lectura. Si intentas arreglarlo todo de una sola pasada, se te hará muy cuesta arriba y tendrás la sensación de que no consigues progresar (y posiblemente así sea).

1. En la **primera revisión**, tan solo te está permitido **subrayar y tomar notas** de aquellos errores e incoherencias que vas encontrando o de aquellos arreglos y mejoras que te gustaría hacer.

2. En la **segunda**, debes prestar atención en dar **coherencia y fluidez** a tu texto, reorganizando secciones e incluso añadiendo o quitando apartados si fuese necesario.

3. En la **tercera y última revisión**, ya solo te quedan por repasar los errores de **ortografía y gramática**.

Ya está, tu libro está listo para pasar a la siguiente fase. No continúes revisándolo eternamente, este es uno de los mayores errores que puede cometer un escritor. Es mejor tener un libro completo imperfecto que un capítulo «perfecto» de un libro incompleto.

No lo olvides: «Hecho es mejor que perfecto».

Fase 2: lectores beta.

Si cuatro ojos ven más que dos, imagina lo que pueden llegar a ver cuarenta. Los lectores beta son una forma estupenda de obtener *feedback* durante el proceso de edición de tu libro; encontrando incoherencias en el texto, errores gramaticales, permitiendo que te hagas una idea de cómo será recibido tu libro por tus futuros lectores, etc.

Un lector beta es básicamente cualquier persona que accede a leer el borrador de tu libro y te ofrece *feedback* constructivo sobre este (más allá de «me ha gustado» o «no me ha gustado»). Tú te beneficias de sus correcciones y sugerencias y ellos obtienen una copia gratuita del borrador de tu libro.

Tus amigos cercanos y familiares no son los lectores beta más recomendables, pues es difícil que sean objetivos y tratarán de no herir tus sentimientos. Esto no es lo que necesitamos ahora.

Una vez tengas seleccionados a tus lectores beta, asegúrate de enviarles, además de la copia digital de tu borrador, unas sencillas indicaciones de lo que esperas de ellos. Puede ser desde un simple subrayado de los errores gramaticales que encuentren durante su lectura a una pequeña lista de preguntas específicas sobre el contenido de tu libro.

¿Qué debes buscar en el *feedback* recibido? Los comentarios que recibas de tus lectores beta no están para que modifiques tu libro atendiendo a todas sus sugerencias. Intentar complacer a todos no solo no es posible, sino que sería un gran error. **Lo que debes buscar son puntos comunes**. Encuentra aquellas sugerencias que más se repiten y decide si es necesario hacer unas últimas modificaciones antes de pasar a la tercera fase.

Fase 3: tu editor profesional.

Ya casi estamos. Hemos llegado a la tercera y última fase de la edición de tu manuscrito, en la que terminaremos de convertir ese borrador caótico que empezaste a revisar hace unos pocos días en una auténtica obra de arte.

Tu libro ya ha pasado por tus tres autoediciones y por la de tu equipo de lectores beta y puede que sientas la tentación de saltarte esta última fase y ahorrarte unos pocos euros. No cometas ese error.

Hay ciertas limitaciones en tus autoediciones y la de tus lectores beta, así que tener un editor profesional que profundice en tu trabajo es **un paso muy importante que no debes omitir antes de hacer clic en el botón de publicar.**

Un buen editor será capaz de ayudarte a pulir tu borrador, suavizar pequeñas (o no tan pequeñas) meteduras de pata y ofrecerte sugerencias sobre cómo mejorar tu libro. Encontrar a un editor profesional es fácil, hacerlo a precios *low cost*, no tanto.

De todos los sitios en los que puedes buscar un editor para tu libro, te recomiendo Upwork[9], un *marketplace* o espacio virtual que pone en contacto a los mejores *freelancers* de todo el mundo con empresas o particulares que buscan a un profesional con talento.

Básicamente, lo único que tienes que hacer es registrarte en la plataforma y publicar tu oferta de trabajo (la edición de tu libro) siguiendo los pasos que se te van indicando. Empezarás a recibir propuestas de decenas de *freelancers* interesados en editar tu libro. Tu único trabajo será encontrar al profesional que te ofrezca la mejor relación calidad/precio.

Cómo elegir a tu editor.

Lo mejor de trabajar con una plataforma como Upwork es que puedes revisar el perfil de todos los

---

[9] *upwork.com*

freelancers que se ofrezcan para editar tu libro: sus tarifas, su formación, su portfolio... y lo más importante: las reseñas de sus clientes.

Realmente puedes llegar a perderte entre tanta información y pasarte días revisando perfiles. Pero no será necesario. Así es cómo lo hago yo:

En primer lugar, descarto todas las propuestas de aquellos *freelancers* que no han ganado al menos 10.000€ en la plataforma y que no tienen un mínimo del 90% de satisfacción por parte de sus antiguos clientes. Solo con esto, ya habrás reducido la lista a unas pocas ofertas. Entre los profesionales que queden en pie, empieza a hacer un sondeo y revisa si alguno de ellos está especializado o ha revisado anteriormente libros sobre tu misma temática y márcalos como favoritos.

Llegados a este punto, ya solo queda hablar de tarifas.

Cuánto cuesta editar un libro en Upwork.

La respuesta es simple: **lo que tú quieras gastarte**.

Desde hace ya varios años, es raro la semana que no uso Upwork para algo (no te puedes imaginar la de cosas que puedes llegar a encargar). Lo primero que aprendí al trabajar con estas plataformas es que, al igual que en el mundo *offline*, los precios varían *hasta el infinito y más allá*.

Por el mismo libro (digamos de treinta mil palabras), editado por dos *freelancers* con el mismo grado de formación y experiencia, puedes esperar pagar desde 100€ hasta más de 5.000€.

Los precios oficiales por editar un libro están comprendidos entre 0,005€ y 0,015€ por palabra, y digo oficiales porque eso es lo que recomienda la *Editorial Freelancers Association*. Pero eso no quiere decir que no puedas encontrar tarifas muy superiores o muy por debajo con resultados parecidos. Esta diferencia **abismal** depende de diversos factores: el principal es el país de origen del *freelance*, pues no cuesta lo mismo vivir en España que en Estados Unidos, por ejemplo. Pero también puede depender de lo solicitado que esté el *freelance* o de lo «famoso» que sea.

Que esto no te desanime, precisamente esta es la magia de estos *marketplaces*. Recuerda: si el profesional tiene un 90% o más de satisfacción y ha ganado al menos 10.000€ en la plataforma, puedes estar prácticamente seguro de que obtendrás un buen trabajo.

Para que te sirva de orientación, en mis últimos libros, que tenían entre quince mil y treinta mil palabras, he pagado una media de 80€.

Truco pro: puesto que la página web de Upwork no tiene la opción de traducir por idiomas, si quieres poder leerla sin problemas tan solo tienes que usar el navegador Google Chrome y pinchar en el icono de traducción que aparece en la barra de direcciones URL del navegador.

Localización del icono de traducción en la barra de direcciones.

IMPORTANTE: aunque una vez que empieces a hablar con los diferentes *freelancers* podrás hacerlo en español, la propuesta de trabajo debes hacerla en inglés o te bloquearán la cuenta. Normas de Upwork. Con usar el traductor de Google será más que suficiente.

PASO 2

Maquetación:
no basta con ser un experto,
tienes que parecerlo

Una vez que tu libro ha pasado por el proceso de edición, puedes pensar que tu manuscrito ya está listo para ser publicado. Error. Tan importante es lo que dices (el borrador de tu libro) y cómo lo dices (tu libro editado), como la forma en que lo presentas, es decir, la maquetación de tu libro.

Es posible que esto pueda parecerte algo superficial y pienses que lo único importante es el contenido en sí mismo y que es por este por lo que se va a valorar tu obra. Me alegra decirte que esto no es así. Las formas importan, ¡y mucho! Y digo que me alegra porque la maquetación es uno de los pasos más sencillos en el proceso de creación y, sin embargo, uno de los que más autores autopublicados pasan por alto.

Esto es una gran oportunidad para los escritores que nos tomamos las cosas en serio, pues a igual (o incluso peor) calidad de contenido, nuestro libro será mejor valorado (más «estrellitas») por los lectores, lo que hará que suba posiciones en el *ranking* de Amazon, sea más visible y genere más ventas que otro libro de nuestra competencia que no prestó la atención que merecía este sencillo proceso.

Qué es la maquetación.

La maquetación es la distribución de los elementos en un espacio determinado de la página, o lo que es lo mismo, el proceso de dar forma a un libro y dejarlo listo para ser publicado.

En este procedimiento se presta atención a aspectos tales como los márgenes, la tipografía, el espaciado entre líneas y párrafos, el estilo de títulos y subtítulos, los encabezados y pies de página, etc.

El objetivo de la maquetación es dar una coherencia de forma a todo el texto, es decir, elegir un estilo y garantizar que este se aplica de manera correcta a lo largo de todo el libro, de forma que el resultado final ayude a su comprensión y, en definitiva, a que la experiencia sea lo más agradable posible para el lector.

Quién debe ocuparse de la maquetación.

Por lo general, siempre que existe un profesional especializado en una determinada tarea —como es el caso de la maquetación—, recomiendo subcontratar y olvidarse. Si hay un tipo de profesional que ha hecho de dicha tarea, por sencilla que pueda parecernos, su modo de vida, es que esta debe tener su truco, y yo no soy de los que recomiendan aprender una nueva profesión para algo que vas a hacer, posiblemente, una sola vez en la vida.

Sin embargo, puesto que la maquetación es un procedimiento por el que puede que debas pasar en múltiples ocasiones para ir corrigiendo errores que encuentres tras la publicación de tu libro, actualizando apartados o ampliando contenido, vamos a ver las dos opciones: la subcontratación a través de Upwork y el *hazlo tu mismo*. De esta forma, podrás elegir una opción u otra según tus preferencias personales y tu caso particular.

1. Subcontratación: Upwork.

Al igual que hiciste con la edición de tu libro, lo único que tienes que hacer es publicar tu oferta de trabajo (la maquetación de tu libro) siguiendo los pasos que te va indicando la plataforma.

Descarta las ofertas de aquellos profesionales con menos experiencia (con menos de 10.000€ ganados), y a aquellos con un porcentaje de éxito por debajo del 90%.

De los profesionales que queden en pie, busca a aquellos que ofrezcan un precio razonable (alrededor de 75€ por ambas versiones: libro físico y digital) y que estén dispuestos a ayudarte con las correcciones posteriores sin volver a cobrarte el trabajo completo. Este punto es importante, porque si el *freelance* que contrates no te ayuda con las modificaciones que quieras hacer más adelante o si desaparece de la plataforma, tendrás que volver a contratar la maquetación completa. A mí me pasó y es por ello que, saltándome mis propias normas, en este caso particular decidí aprender a hacerlo por mí mismo.

2. Hazlo tú mismo.

En caso de que decidas apostar por el *do it yourself*, tan solo vas a necesitar dos cosas: una plantilla de Word y algo de paciencia.

Para la primera, te recomiendo echar un vistazo a Book Design Templates, una web especializada en plantillas para libros que cuenta con más de cincuenta diseños diferentes y cuyos precios oscilan entre los 29$ y los 59$ por licencia individual:

soykevinalbert.com/plantillas-bdt

Todas sus plantillas están preparadas para editar tu libro tanto en formato físico como en digital. Además, cuentan con buenos tutoriales para que puedas hacerlo de forma fácil, incluso aunque tus conocimientos de Word sean escasos.

Al igual que ocurría con Upwork, la página está en inglés. Recuerda que para poder leerla sin problemas tan solo tienes que presionar el icono de traducción situado en la barra de navegación de Google Chrome.

Portada:
lo quieras o no, te van a juzgar por la cubierta

Si, como explico en la primera parte de *Triunfa con tu libro*, el título es el secreto nº1 para ser **encontrado** entre los millones de libros disponibles en Amazon, sin duda, la portada es el secreto nº1 para ser **elegido** entre todos ellos.

Puesto que la portada va a jugar un papel tan decisivo en el éxito de tu libro, **tienes que tomarte las cosas en serio**. Con esto quiero decir que no vas a diseñarla tú, ni tu cuñado que dibuja muy bien, ni tu prima que hizo la carrera de Bellas Artes... ¡ni nadie que no se dedique profesionalmente a diseñar portadas para libros!

Fíjate si esta parte es importante que, para asegurarnos de conseguir una buena portada (una que venda), no solo vamos a contratar a un profesional en diseño de gráfico, sino que... **¡vamos a contratar a cientos de diseñadores!**

Torneo de diseñadores.

Realmente me encantan los torneos y las competiciones, ya que me parecen una forma estupenda de sacar lo mejor de uno mismo. Es por ello que para conseguir la mejor portada posible para tu libro vas a poner a competir a decenas o cientos de diseñadores gráficos entre sí. Para ello, vamos a servirnos de la plataforma Freelancer que, aunque personalmente no me gusta tanto como Upwork, permite crear concursos o torneos.

Por qué un concurso.

Normalmente, para elegir al mejor *freelance* con el que trabajar, recomiendo hacer una búsqueda activa, tal y como te he explicado cuando trabajamos con Upwork. Sin embargo, en esta ocasión, además de al mejor *freelance* (que también), **lo que buscamos son ideas**, y cuantas más, mejor.

Pagar 50€ a un **buen profesional** y pedirle que nos proponga cien ideas diferentes para la portada de nuestro libro no es algo realista, por muy barata que sea la vida en su país de origen. Sin embargo, sí podemos esperar recibir una propuesta distinta de cien *freelancers* diferentes y otorgar un único premio de 50€ al mejor candidato.

Cómo crear un concurso.

Preparar un concurso en la plataforma Freelancer es muy sencillo. Accede a la página web *freelancer.es* y pincha en el botón «Publica tu proyecto» que aparece arriba a la derecha. Describe tu proyecto e indica qué habilidades deben tener los *freelancers* que participen (por ejemplo: diseño gráfico, ilustración, Photoshop, ...). Ahora te preguntará cómo te gustaría encargar el trabajo, es decir, si «Publicar un proyecto» o «Iniciar un concurso». Una vez hayas seleccionado «concurso», elige tu presupuesto, cuántos días quieres que dure la competición y si quieres que el premio esté garantizado[10].

Para que te hagas una idea, para la portada de este libro —que en realidad fueron tres—, puse 50€ de presupuesto, dejé abierta las participaciones durante siete días y seleccioné garantizar el premio. Con esta configuración, recibí 123 propuestas diferentes, muchas de ellas con un diseño completamente distinto para cada uno de los tres volúmenes de la serie *Triunfa con tu libro*. Esto quiere decir que cada portada me salió por poco más de 15€.

Para aumentar las posibilidades de conseguir la cubierta «perfecta» para tu libro, una que te enamore (al menos a ti), orientar a los participantes en el

---

[10] Esto quiere decir que garantizas que, aunque ninguna propuesta llegue a convencerte del todo, elegirás una a la que otorgar el premio.

torneo es algo fundamental. Deben saber qué es lo que andas buscando. Esto, unido a una descripción del proyecto lo más detallada posible[11], se consigue con dos truquillos:

1. Antes de publicar tu concurso, realiza una búsqueda de portadas en Amazon y en Google y ve guardando aquellas que más te gusten. Elige tanto portadas de libros relacionados con tu sector como de otros sectores. Una vez tengas un número considerable (al menos veinte), busca similitudes entre ellas. ¿Qué es lo que te ha llamado la atención? ¿Por qué has decidido guardarlas? Puede que te des cuenta de que todos los libros de tu género utilizan la misma gama de colores, que te atraen más los diseños minimalistas, que prefieres aquellos que incluyen ilustraciones, etc.

   Cuando subas tu propuesta a Freelancer incluye entre tres y cinco de tus portadas

---

[11] A diferencia de Upwork, en Freelancer puedes escribir en español desde el principio.

favoritas e indica qué es lo que te gusta de ellas. No olvides señalar que el diseño final debe incluir lomo y contraportada.

2. Entra en tu concurso al menos una vez al día y ve puntuando todas las propuestas que vas recibiendo. Es muy importante que, si hay una portada que te gusta mucho más que el resto, esta tenga mayor puntuación que las demás. Si tienes diez propuestas completamente diferentes con la misma puntuación, los nuevos candidatos no sabrán qué es lo que te gusta ni en qué elementos fijarse para empezar a diseñar. Cuando queda claro que hay una propuesta que te gusta por encima de las demás, todos empezarán a guiarse por ella y tratarán de mejorarla. Del mismo modo, si todavía no has recibido ninguna que te convenza del todo, procura no puntuar ninguno de los diseños con las cinco estrellitas. Esto propiciará que sigas recibiendo propuestas completamente originales.

Prepara tu encuesta.

Por si la posibilidad de crear un concurso no fuese ya algo brutal, una vez se haya cumplido el plazo que fijaste al crear tu proyecto tienes la posibilidad de crear una encuesta de forma automática para que tus amigos y conocidos te ayuden a elegir la propuesta ganadora.

Esta opción es muy interesante y te recomiendo usarla siempre, incluso aunque tengas claro cuál es el diseño que más te gusta. Imagina, por ejemplo, que una vez que lanzas tu encuesta, la propuesta que tú tenías en mente no recibe prácticamente votos, pero en cambio, hay una que parece gustar a todo el mundo. ¿No te haría replantearte las cosas? Recuerda que estás diseñando tu portada para aumentar las posibilidades de que tu libro sea el elegido entre el inmenso catálogo de Amazon y, si a un porcentaje importante de personas le gusta una misma propuesta, deberías al menos considerarla.

Antes de lanzar tu encuesta es importante que esperes a que primero se cumpla el plazo de tu concurso. Una vez cerradas las participaciones, dispones de hasta cuatro semanas para elegir la propuesta ganadora.

Crear y compartir tu encuesta es muy sencillo. La plataforma te dará la opción de incluir hasta ocho propuestas diferentes (aunque no tienes por qué seleccionar las ocho necesariamente). Cuando hayas marcado los diseños que quieres incorporar, Freelancer te dará diferentes alternativas para compartirla. Te recomiendo que uses tanto la opción de enviar un email directamente a tus familiares y conocidos, como la de compartir el *link* a la encuesta en tus redes sociales. Después de hacerlo, espera entre cinco y siete días, no más, para consultar los resultados y tomar tu decisión final.

Cuando hayas elegido la propuesta ganadora, ya puedes premiar al autor del diseño y, en caso necesario, pedirle pequeños ajustes o modificaciones antes de que este entregue el trabajo final.

Es muy importante que te asegures de que el *freelance* te dé la portada en un **formato editable**, como Photoshop o InDesign. De esta manera, si en un futuro necesitas realizar algún cambio en el diseño, cualquier diseñador podrá ayudarte con dicha actualización. Además, recibirás un **contrato de propiedad intelectual** que garantiza que el trabajo te pertenece.

¡Y ya está!

Si has seguido mis indicaciones, en menos de 15 días y por unos míseros 50€ tendrás en tus manos una muy buena portada diseñada por un profesional, validada mediante encuesta y de la que posees todos los derechos por escrito. De nada.

Truco pro 1: para ahorrarte tiempo y gastos posteriores innecesarios de adaptación de tu portada al tamaño final de tu libro, sube la plantilla que te proporciona Amazon en el momento de crear tu concurso (junto con los diseños que incluyas en tu propuesta).

Para conseguir esta plantilla, entra en: *kdp.amazon.com/cover-templates*, elige el mismo tamaño que usaste para la maquetación de tu libro, indica el número de páginas de tu documento, selecciona el color del papel (blanco, crema o color) y pincha en «Descargar plantilla de cubierta».

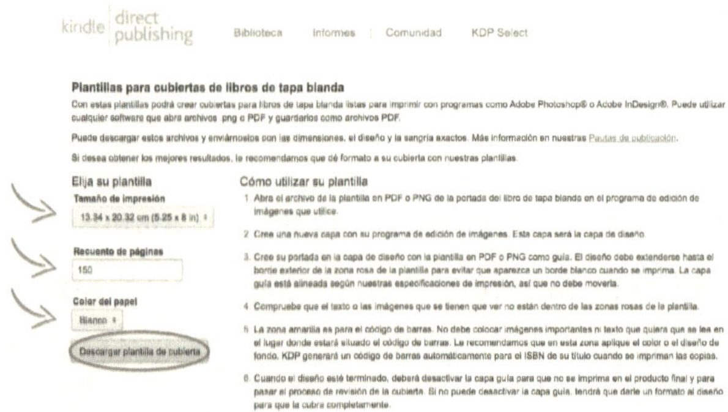

Opciones a rellenar para descargar la plantilla de tu cubierta.

Truco pro 2: para conseguir una mayor objetividad en los resultados de tu encuesta, antes de elegir las propuestas que incluirás en ella, asegúrate de que todas tienen el mismo formato, uno lo más simple posible. Lo ideal es un diseño en 2D y sin adornos adicionales. Si algunos de los diseños que quieres incluir en tu encuesta están representados en 3D o simulan estar colocados sobre un bonito escritorio (por ejemplo), pide a los autores de esas propuestas que vuelvan a subirlas en el formato simple que acabo de explicar.

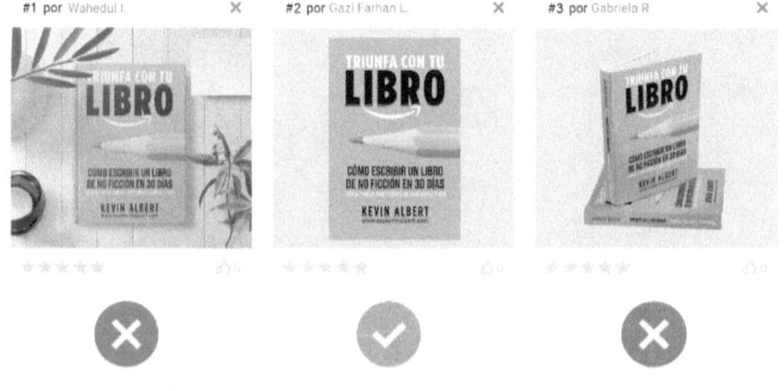

De izquierda a derecha: diseño con adornos, diseños 2D y diseño 3D.

Descripción:
tu mejor carta de ventas

Si has conseguido que tus lectores potenciales te encuentren gracias al título de tu libro y que muestren interés en él gracias al diseño de tu portada, es hora de venderles tu libro.

Para ello, vamos a utilizar una herramienta disponible para todos los autores de Amazon, pero de la que muy pocos saben cómo sacar el máximo partido: la descripción de tu libro.

Cuando acudimos a una librería en busca de un nuevo libro y vemos uno que nos llama la atención,

¿qué es lo primero que hacemos? Instintivamente le damos la vuelta y leemos su contraportada. En Amazon, esta función la va a desempeñar la descripción.

Misión de la descripción.

Puesto que no puedes estar presente en todas y cada una de las ocasiones en las que una persona se interesa por tu libro para explicarles todos los motivos por los que deberían elegirte a ti y no a tu competencia, será tu descripción la encargada de convencerles. Es decir, debe hacer el papel de un buen comercial o de una buena carta de ventas.

Cómo escribir una descripción perfectamente irresistible.

Para conseguir una descripción irresistible que enamore tanto a Amazon como a tus potenciales lectores, tan solo necesitas dos cosas: emplear unas sencillas reglas de *copywriting* (o escritura persuasiva) y aplicar una bonita estructura utilizando lenguaje HTML.

A) Copywriting.

La descripción de tu libro no está ahí para contarle al lector de qué va tu libro (que también), sino para **conseguir persuadirlo de que lo compre**.

Para lograrlo, vamos a valernos de 5 reglas básicas del *copywriting*:

1. Emoción.

En un libro de no ficción, considero que una de las mejores formas de comenzar una descripción es tocando los puntos de dolor de tu lector, los problemas a los que se enfrenta, especialmente si lo haces en forma de pregunta.

Por ejemplo, una buena forma de empezar la descripción para este libro podría ser:

¿Después de pasarte años escribiendo tu libro ninguna editorial quiere publicarlo?

Además, estas primeras palabras serán visibles nada más acceder a la página de tu libro en Amazon, sin necesidad de clicar sobre «Leer más» o tener que desplazarse hacia abajo. **Aprovéchalas bien**.

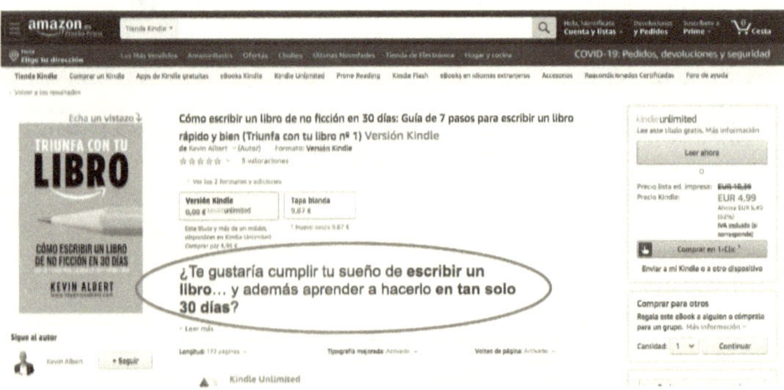

Parte visible de la descripción en la página de producto.

2. Autoridad.

Las personas buscamos a otras personas en las que confiar y seguir su ejemplo. Si no consigues mostrarte como un experto y/o generar empatía con tu lector, tienes pocas posibilidades de vender.

Explica al lector quién eres tú para escribir este libro. ¿Por qué deberían confiar en ti? Puede que tengas una carrera, un máster, un doctorado, que hayas ayudado a decenas o cientos de personas... o puede que «simplemente» hayas estado en su misma situación y la hayas superado con éxito.

3. Prueba social.

Contarles a tus lectores por qué eres *el no va más* está bien, pero si se lo cuentan otras personas, tu credibilidad se disparará vertiginosamente.

Precisamente, el hecho de poder leer qué opinan otros clientes de un libro u otro producto fue uno de los aspectos que convirtió a Amazon en el gigante que es hoy en día. Así que, si tienes ya alguna reseña de alguien que haya leído tu libro, puedes añadirla a tu descripción.

Si todavía no tienes ninguna o si recibes nuevos y/o mejores comentarios en Amazon, puedes volver más adelante y editar tu descripción para incluirlas y/o cambiar las anteriores. Entre tres y cinco reseñas en tu descripción es más que suficiente.

No tienes que copiar la reseña completa; escribe tan solo un resumen o la frase más destacada de esta con el nombre del autor. Cuanto más conocido sea, mayor será el poder que tendrá su comentario.

A mí, por ejemplo, me encanta incluir, siempre que puedo, a mi exprofesor y colega escritor, José María Aznar, entre mis reseñas. Sí, es solo pura casualidad que se llame como el expresidente del Gobierno de España... pero eso la gente no lo sabe ;)

4. Beneficios.

Cuando un lector busca en la sección de no ficción normalmente está intentando averiguar cómo dar solución a un problema o dolor determinado. Aliviarlo será el motivo principal que lleve a un usuario a comprar tu libro y no necesariamente tus habilidades literarias.

Los beneficios de tu libro serán pues las respuestas a los problemas de tus lectores. El lector debe de ser capaz de ver de un solo vistazo los beneficios que obtendrá tras haber leído tu libro, por lo que te recomiendo que los presentes mediante una lista numerada o con viñetas.

5. Llamada a la acción.

Como ya he dicho, tienes que ver la descripción como una carta de ventas. Por tanto, debes cerrarla con una llamada a la acción o CTA (*call to action*).

Necesitas terminar tu descripción con una frase que indique al lector qué tiene que hacer después de leer tu descripción, es decir, comprar tu libro:

Deja de hablar de aquello que harás algún día y...
¡HAZLO DE UNA VEZ!

Este también es un muy buen momento para volver a tocar un punto de dolor:

Si dejas pasar esta oportunidad, de aquí a un año seguirás lamentándote de aquello que pudo ser y no fue.

O añadir urgencia; otro recurso muy potente en *copywriting* —**siempre que sea verdad**:

¡No lo pienses más! El precio de lanzamiento termina esta semana.

Pon a trabajar tus dotes de escritor y recuerda: no vendas, haz que te compren.

B) HTML.

Ahora que ya tenemos una descripción perfectamente optimizada gracias a unas sencillas reglas de escritura persuasiva, es hora de vestirla para destacar. Para ello utilizaremos código HTML, el lenguaje que se usa en las páginas web para dar formato a un texto (entre otras).

¿Que para qué sirve esto? Echa un vistazo:

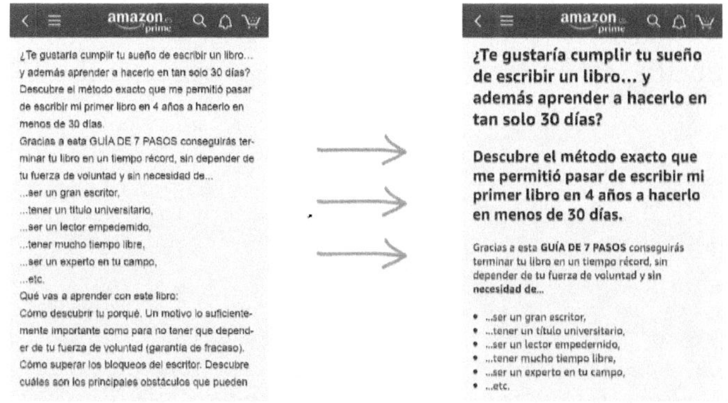

Descripción en texto plano (izquierda) y con lenguaje HTML (derecha).

Como podrás ver, el lenguaje HTML te permitirá cambiar el tamaño del texto, ponerlo en negrita, crear listas con viñetas, etc. Todo esto se traduce en una mayor retención y mejor comprensión por parte del lector, lo que sin duda repercutirá positivamente en tus ventas.

Y lo mejor de todo es que vas a poder hacerlo sin necesidad de aprender absolutamente nada de código HTML pues, aunque durante mucho tiempo era necesario utilizar un software externo para dar formato a nuestra descripción, KDP finalmente decidió integrar esta opción y ahora podemos hacerlo directamente desde la propia plataforma de forma extremadamente sencilla, como si de un documento Word se tratase:

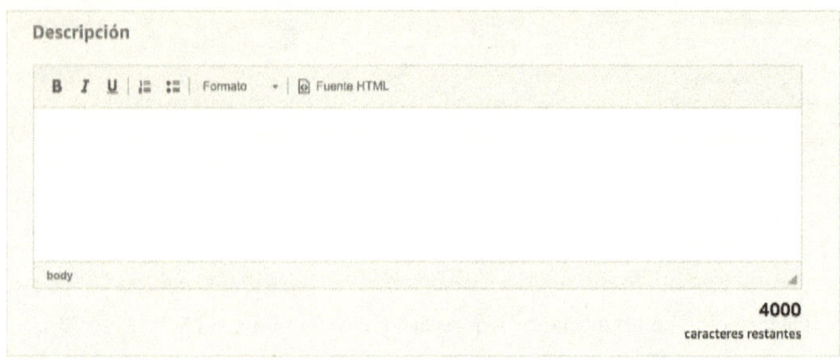

Ya tienes una descripción irresistible que sin duda atraerá miradas... ¡y compras!

¿Quieres más ventas? Veamos cómo conseguirlas.

Palabras clave:
haz que te ~~encuentren~~ compren

Tanto si ya eres un autor conocido como si vas a lanzarte con tu primera obra, las palabras clave son un aspecto fundamental en la estrategia de marketing de tu libro.

El **uso correcto** de estas palabras clave en Amazon permitirá que tu libro sea encontrado y **comprado** por cientos de miles de lectores de todo el mundo. Si tienes o planeas escribir un libro alucinante pero no sabes cómo hacer para que Amazon se lo muestre a los **lectores adecuados**, estas serán tus mejores aliadas.

Qué son las palabras clave.

Cuando una persona decide comprar un nuevo libro en Amazon, entra en la plataforma y escribe en la barra de búsquedas aquello que le gustaría encontrar. Amazon utiliza los caracteres que el usuario ha introducido para decidir qué libros mostrarle. Los términos o frases que las personas utilizan para realizar una búsqueda es lo que se conoce como palabras clave o *keywords*.

Cómo encontrar palabras clave RENTABLES.

Ahora ya sabes qué son las palabras clave y por qué son tan importantes, pero antes de que puedas ponerte a elegir las mejores *keywords* para tu libro, primero deberías saber qué es lo que hace que una palabra clave sea **rentable**, porque no es lo mismo que te encuentren a que te compren.

Para que una palabra clave sea rentable debe cumplir 3 requisitos:

1. Que tenga un volumen de búsquedas suficiente.
2. Que no tenga demasiada competencia.
3. ¡Que los lectores estén dispuestos a pagar por ella!

1. Cómo encontrar *keywords* con un volumen de búsquedas suficiente.

Para que tu libro pueda ser descubierto por los lectores adecuados, necesitas saber qué términos utilizan a la hora de realizar su búsqueda en Amazon. Para ello, lo primero es ponerte en la piel de tus lectores potenciales y hacer una lista de los términos que pienses que podrían emplear para buscar tu libro. Suelen ser palabras o frases asociadas a la temática de tu obra, soluciones que aportas o resultados que obtendrá si pone en práctica lo aprendido en ella.

Por ejemplo, para este libro que tienes entre manos, una palabra clave evidente relacionada con su temática podría ser «publicar un libro» o «autopublicar un libro», mientras que una menos obvia relacionada con los posibles beneficios obtenidos tras su lectura podría ser «ingresos pasivos» o «dinero extra».

Una vez has escrito esta primera lista de palabras clave que **crees** que tus lectores potenciales podrían emplear para encontrarte, tendrás que **verificarlas**.

Para corroborar que tu lista es acertada, utiliza la **barra de búsquedas de Amazon** y empieza a escribir **lentamente** cada una de las palabras o frases clave que tienes anotadas. Es necesario que vayas tecleando los caracteres poco a poco para ver si Amazon te sugiere el término que ibas a introducir antes de terminar de escribirlo. Si es así, significa que efectivamente hay un volumen importante de personas que utilizan esas mismas palabras a la hora de realizar sus búsquedas.

Siguiendo con el ejemplo anterior, digamos que has pensado que «publicar un libro» puede ser una buena palabra clave, así que vas la barra de búsquedas de Amazon y empiezas a introducir los caracteres poco a poco. ¿Qué ocurriría? Como puedes en ver la imagen que aparece debajo, cuando todavía vayas por «pub», Amazon ya te lanzará varias sugerencias relacionadas con la palabra clave que ibas a escribir.

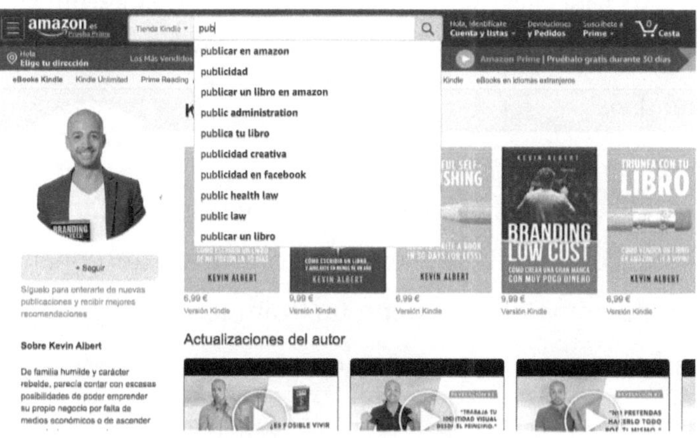

Barra de búsquedas predictiva de Amazon.

¿Qué conclusiones podríamos sacar en este punto? Primero, que efectivamente «publicar un libro» es una palabra clave que un volumen importante de personas busca en Amazon, ya que si no fuera así, no nos la mostraría. Y segundo, que «publicar en Amazon» tiene un mayor volumen de búsquedas.

Amazon no nos informa de qué cantidad de personas buscan una determinada palabra, pero sí nos ordena los resultados por volumen de búsquedas. Por tanto, a priori y antes de analizar en profundidad ambas palabras clave, «publicar en Amazon» sería más interesante (más búsquedas) que «publicar un libro». Pero como las dos han aparecido como sugerencias, apunta ambas en tu lista para la siguiente parte del análisis.

Si alguna de las palabras que tenías apuntadas no aparece como sugerencia al escribirla en Amazon, entenderemos que no tiene un volumen de búsquedas suficiente y la descartaremos.

Consideraciones a tener en cuenta:

1. Asegúrate de que estás usando el *modo incógnito* en tu navegador; de lo contrario, los resultados se verán afectados por tus búsquedas previas y no serán fiables.

Para hacerlo, tan solo tienes que pulsar «Archivo» en la barra superior de tu navegador (Safari, Chrome, Firefox, ...) y seleccionar «Nueva ventana de incógnito» (o privada).

2. Elige «Tienda Kindle» en la barra de búsquedas de Amazon antes de comenzar tu investigación. Te interesa saber qué palabras son populares en tu sector (libros o *eBooks*), no en todo Amazon. Por defecto, estará en «Todos los departamentos».

Barra de búsquedas seleccionada para Tienda Kindle.

3. Realiza tu investigación en el marketplace específico que quieres investigar (amazon.com, amazon.es, amazon.de, amazon.it, etc.), pues son mercados distintos y las palabras sugeridas pueden variar.

Una vez hayas seleccionado tus palabras o frases clave, vuelve a introducirlas en Amazon y añádeles una letra del alfabeto. Empieza por la A y termina por la Z.

Ejemplo:

- Publicar en Amazon a
- Publicar en Amazon b
- Publicar en Amazon c
- Etc.

Mira las sugerencias que va proponiendo Amazon. ¿Ves algo interesante?

Esta es una forma genial de dar con muy buenas (y rentables) palabras clave que nunca se te habrían podido ocurrir de otra manera. Además, si Amazon te las sugiere significa que tienen un volumen importante de búsquedas.

2. Cómo saber qué *keywords* tienen menor competencia.

Saber qué palabras clave son las más buscadas es muy importante, pero si no sabemos la competencia a la que nos enfrentamos con cada una de ellas estaríamos tomando decisiones con los ojos vendados.

Por suerte, para conocer el nivel de competencia podemos utilizar una estrategia muy sencilla. Lo único que tienes que hacer, siguiendo las consideraciones que he comentado en el punto anterior, es escribir tus palabras clave en la barra de búsquedas de Amazon y anotar el número de resultados que arroja.

Número de resultados arrojados para la búsqueda «publicar un libro».

Si comparásemos las dos palabras clave del punto anterior, obtendríamos los siguientes resultados:

- Publicar un libro: 533 resultados.
- Publicar en Amazon: 117 resultados.

Con este sistema tan rudimentario, hemos descubierto que «publicar en Amazon» no solo tiene un mayor volumen de búsquedas que nuestra palabra clave original, «publicar un libro», sino que además tiene menos de la mitad de competencia. *¡BOOM!*

Ya tienes una lista de palabras clave con un volumen de búsquedas importante y clasificadas por su nivel de competencia. Solo nos quedaría por saber qué palabras clave tienen un mayor potencial para generar ventas.

3. Cómo encontrar *keywords* por las que los lectores paguen.

Ya sabemos qué palabras clave de nuestra lista son las que más buscan los lectores y cuáles tienen una menor competencia. Estupendo. Pero, ¿de qué nos sirve esto si no se traduce en ventas?

Este paso es el más laborioso, pero es muy sencillo y sin duda el más importante. Para conocer el potencial de ventas de una palabra clave:

a) Introduce la palabra clave en la barra de búsquedas de Amazon teniendo en cuenta las consideraciones ya mencionadas.

b) Anota la posición en el ranking de Amazon de los diez primeros libros que arroje tu búsqueda. Para hallar esta posición tienes que pinchar sobre el libro en cuestión y bajar hasta «Detalles del producto». Aquí verás el ranking de ése libro en sus categorías específicas y en la

clasificación general en los más vendidos de Amazon o ABSR[12]. Esta última es la que buscamos.

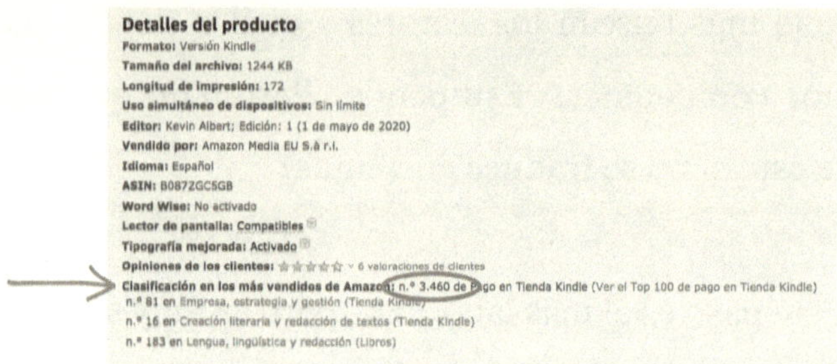

Detalles del producto
Formato: Versión Kindle
Tamaño del archivo: 1244 KB
Longitud de impresión: 172
Uso simultáneo de dispositivos: Sin límite
Editor: Kevin Albert; Edición: 1 (1 de mayo de 2020)
Vendido por: Amazon Media EU S.à r.l.
Idioma: Español
ASIN: B087ZGC5GB
Word Wise: No activado
Lector de pantalla: Compatibles
Tipografía mejorada: Activado
Opiniones de los clientes: ☆☆☆☆☆ ⌄ 6 valoraciones de clientes
Clasificación en los más vendidos de Amazon: n.° 3.460 de Pago en Tienda Kindle (Ver el Top 100 de pago en Tienda Kindle)
n.° 81 en Empresa, estrategia y gestión (Tienda Kindle)
n.° 16 en Creación literaria y redacción de textos (Tienda Kindle)
n.° 183 en Lengua, lingüística y redacción (Libros)

Localización del ABSR (clasificación general en los más vendidos de Amazon).

c) Suma las posiciones de estos libros y divide el resultado entre 10.

Compara este resultado para las diferentes palabras clave analizadas. Aquellas con un número menor serán las que mayor potencial de ventas tengan.

Truco pro: si quieres agilizar todo este proceso y además te interesa saber, entre otras cosas, cuánto gana tu competencia con sus libros (yo es que soy muy

---

[12] *Amazon Bestseller Rank.*

cotilla), te recomiendo que no te pierdas la herramienta Publisher Rocket:

soykevinalbert.com/rocket

Ya tienes tus *keywords* rentables listas. ¿Y ahora qué?

Ahora es momento de utilizar estas palabras clave para demostrar a Amazon que tu libro merece ser enseñado a tus potenciales lectores cuando realicen sus búsquedas... ¡y cuando no, también!

Para ello deberás procurar incluirlas, **sin parecer un robot**, en el título y/o subtítulo de tu libro, en la descripción y, obviamente, en el apartado reservado expresamente a tus palabras clave.

Cuando estés subiendo tu libro a KDP, encontrarás un espacio en el que podrás introducir hasta siete palabras clave. Si has hecho bien tu investigación, este apartado tiene un potencial de valor incalculable. No lo desperdicies.

Categorías: mejora tu ranking y vende más libros

Las categorías que elijas para tu libro cuando lo subas a KDP tendrán un efecto directo en el potencial de convertirte o no en un autor *bestseller*. No existe forma más sencilla de hacer de tu libro un superventas que a través de una acertada elección de categorías. De la misma manera, si eliges las categorías equivocadas, tus posibilidades de alcanzar dicho reconocimiento pueden esfumarse por completo.

En el universo de Amazon es mucho mejor ser un pez grande en un estanque pequeño que un pez pequeño en el océano Pacífico. La buena noticia es que el algoritmo de Amazon, una vez que hayas conquistado el estanque pequeño, impulsará tu presencia en el Pacífico.

Qué importancia tiene ser un *bestseller* en Amazon.

Ser *bestseller* en Amazon no es solo una cuestión de ego, sino **que te ayudará a vender más libros**. Son varios los factores que hacen que esto sea posible:

- El propio **algoritmo de Amazon** hará que tu libro tenga una mayor exposición por el simple hecho de ocupar las primeras posiciones de una categoría.

- Las **búsquedas por categorías** de muchos lectores harán que tu libro sea descubierto por personas que de otra forma no te habrían encontrado.

- La **«banderita» de *bestseller*** que Amazon añadirá a tu libro de forma automática una vez que hayas alcanzado la primera posición en alguna categoría, aumentará tu ratio de conversión impresiones/ventas. Es decir, al mismo número de impresiones (visualizaciones) de tu libro, se producirán más ventas.

Seguro que has oído aquello de que son las canciones que salen en la radio las que se convierten en un éxito y no al revés (como debería de ser). Pues con Amazon pasa algo parecido, pero a diferencia de lo que ocurre en la industria discográfica, sin que tengas que pagar por ello ni hacerle ningún favorcillo a nadie.

Ser un bestseller te hará vender más libros, y viceversa.

Qué es necesario para ser bestseller en una categoría de Amazon.

En primer lugar, es fundamental que comprendamos bien qué significa el **ABSR o clasificación en los más vendidos de Amazon**. Este número (que ya utilizamos en el capítulo anterior para dar con las palabras clave más rentables) depende las ventas y/o descargas que ha tenido un libro en un período de tiempo determinado en comparación con el resto de libros de Amazon. A mayor número de ventas/descargas, menor ABSR.

Digamos que, en un momento determinado, tu libro tiene un ABSR de 100. Esto querría decir que tan solo hay 99 libros más en todo Amazon que se están vendiendo mejor que el tuyo. Si tu ABSR fuese de 1.000, habría 999 libros vendiéndose mejor que tu obra, y así sucesivamente.

De esta forma, si tienes el ABSR más bajo de todos los libros dentro de una determinada categoría, serás el nº1 en esa categoría. Así de simple.

Ejemplo: si eliges una categoría en la que el nº1 tiene un ABSR de 500, para alcanzar el primer puesto tu libro deberá tener un ABSR menor o igual a 499.

Por tanto, las categorías que eliges cuando subes tu libro a KDP tienen un impacto directo en tus posibilidades de llegar a ser autor *bestseller*.

Cómo encontrar las mejores categorías.

Para dar con las categorías más apropiadas y con mayor potencial de convertir tu obra en un *bestseller*, tan solo debes seguir tres sencillos pasos:

1. Encuentra las posibles categorías para tu libro.

Para hallar estas posibles categorías debes dirigirte al apartado «Detalles de producto» de otros libros similares al tuyo (pueden ser competencia directa o no) e ir apuntado las categorías en las que estos aparecen clasificados. Verás que cada libro está incluido en dos o tres categorías diferentes.

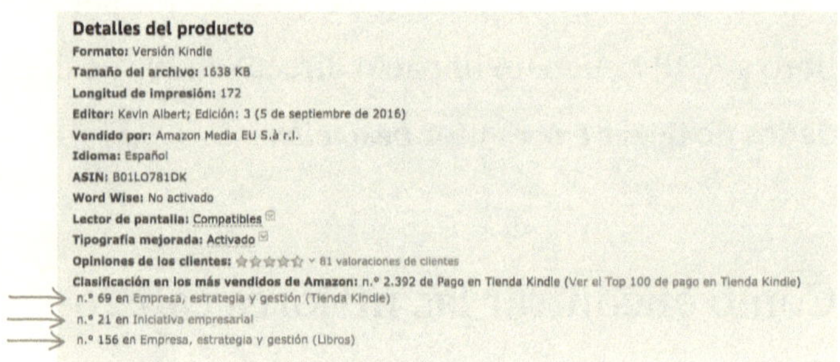

Localización de las categorías en «Detalles del producto».

Procura hacer una lista de al menos 5 posibles categorías.

2. Investiga el libro nº1 de cada categoría.

Ahora que ya tienes tu lista de posibles categorías, es hora de averiguar cuáles tienen un mayor potencial de convertirte en *bestseller*.

Para ello, lo primero es entrar en la lista de los más vendidos de cada una de estas categorías haciendo clic sobre el nombre de dicha categoría en el apartado

«Detalles de producto» de los libros que has investigado.

Una vez dentro, pincha sobre el libro que ocupe el puesto nº1 en cada una de estas categorías y anota su ABSR. Ese es el ABSR que tendrías que superar para colocarte como *bestseller* en dicha categoría. Cuanto mayor sea el ABSR, más fácil te será alzarte como nº1.

Truco pro: Si usas Publisher Rocket, además de ahorrarte muchas horas de trabajo podrás saber el número de libros que necesitas vender en veinticuatro horas para conseguir llegar a la primera posición de cada categoría.

PUBLISHER**ROCKET**

Home   Keyword Search   Competition Analyzer   Category Search   AMS Keyword Search   Tutorials

Category Search   Both   Book   eBook   Q writing

Category	ABSR of #1	SALES to #1	ABSR of #10	SALES to #10	Category Page
Books › Arts & Photography › Music › Theory, Composition & Performance › Songwriting		22	41306	5	Check it out
Books › Arts & Photography › Performing Arts › Theater › Playwriting	212	60	29832	8	Check it out
Books › Business & Money › Skills › Business Writing	584	100	10936	12	Check it out
Books › Children's Books › Education & Reference › Reading & Writing	13	967	366	135	Check it out
Books › Children's Books › Education & Reference › Reading & Writing › Composition & Creative Writing	348	141	2704	40	Check it out
Books › Children's Books › Education & Reference › Reading & Writing › Grammar	755	83	2406	51	Check it out
Books › Children's Books › Education & Reference › Reading & Writing › Handwriting	9	1109	1165	65	Check it out
Books › Children's Books › Education & Reference › Reading & Writing › Journal Writing	1155	65	9885	12	Check it out
Books › Children's Books › Education & Reference › Reading & Writing › Vocabulary & Spelling	39	516	916	76	Check it out
Books › Humor & Entertainment › Movies › Screenwriting	3516	28	12280	11	Check it out
Books › Law › Legal Education › Legal Writing	2293	55	101527	3	Check it out

Version 2.0.54   Support | User Agreement | Privacy Policy

Ventas en 24 horas para alcanzar el nº1 en la categoría «Economía».

Y eso es todo. Con esta pequeña investigación que acabas de realizar ya sabes qué categorías son las más adecuadas para la temática de tu libro y, lo más importante, cuáles son las que tienen más posibilidades de auparte como autor bestseller: las que tienen un ABSR más alto.

Ahora tan solo debes elegir tus tres favoritas y añadirlas en la sección correspondiente cuando subas tu libro a KPD.

Precio:
estrategias y promociones

Ya casi has terminado. El último apartado que tendrás que rellenar cuando subas tu libro a KDP es el precio de tu libro. Porque sí, a diferencia de lo que ocurre cuando publicas con una editorial, en Amazon el precio lo eliges tú.

¿Esto es bueno? Mucho.

Pero antes de pasar a los aspectos técnicos, déjame que te cuente una historia:

En una ocasión, mi primo me preguntó si podría reunirme con un amigo suyo, neurocirujano y escritor. Según me contó, había publicado su primer libro con una editorial, pero estaba planteándose publicar el segundo a través de Amazon y no sabía cómo hacerlo ni si era una buena idea. Por supuesto, le dije que no había ningún problema en tomarme un café con él y ayudarle en lo que estuviese en mi mano.

A los pocos días recibí una llamada suya y quedamos en una de mis cafeterías favoritas (de esas donde a veces aprovecho para escribir). Para mi sorpresa, yo me había preocupado más en informarme sobre él y sobre su libro de lo que se había informado él sobre mí.

Lo primero que me dijo una vez estuvimos sentados fue: «así que tienes un libro en Amazon, por lo que me ha dicho tu primo». La cosa no pintaba demasiado bien.

Me confesó, aunque yo ya lo sabía, que su libro en realidad no se lo había publicado ninguna editorial, sino que se había gastado más de 6.000€ con el *timo de la imprenta* y que solo había conseguido vender unas cien unidades. Este era el único motivo de haberse interesado en hablar conmigo: mi primo le había dicho que yo había publicado «seguramente» sin gastarme mucho dinero y él, que iba a publicar su nuevo libro sí o sí (aunque no concibiese poder sacar beneficios con él), quería saber si era posible ahorrarse unos cuantos euros.

Partiendo de esta base, en la que lo único que esta persona sabía de mí era que había publicado un libro en Amazon sin invertir demasiado, mis recomendaciones no servían de mucho, pues yo no tenía autoridad ninguna ante sus ojos. Aquello, más que una sesión de asesoría gratuita, parecía una reunión de amigos en la que cada uno defiende su punto de vista. Muy entretenido, sí, pero carente de valor alguno.

Al final, decidí relajarme y disfrutar de mi café mientras mantenía una conversación amena con una persona muy interesante. Yo no estaba allí para demostrar nada y mi ego estaba muy tranquilo. Sin embargo, poco antes de despedirnos salió el tema del precio y la cosa cambió. Cuando ya habíamos pedido la cuenta, me dijo:

- Por curiosidad, ¿por cuánto estás vendiendo tu libro?
- Pues, ahora mismo, tengo el Kindle a 10€ y el tapa blanda a 30€.
- ¡¿Cómo?! ¡¿30€?! ¡¿Pero cuántas páginas tiene tu libro?!
- Unas 170, si no me equivoco.
- Mira, te voy a decir una cosa: mi libro tiene más de 400 páginas y vendiéndolo a 14,99€ no he conseguido vender ni cien unidades en más de tres años. Con ese precio no vas a vender nada.

Es cierto que yo no estaba allí para demostrarle nada a nadie, pero presentándose la situación como se había presentado... hablarle de mis ventas fue algo muy satisfactorio :)

La cara realmente se le transformó y, en ese momento, inició un debate (más bien consigo mismo) en el que, por un lado, me explicaba «a mí» por qué «yo» no podía estar vendiendo esa cantidad de libros y, por otro, me preguntaba cómo lo había conseguido (¿?).

Este neurocirujano-escritor trataba de explicarme bastante nervioso que un libro se vende al peso (seguramente eso fue lo que le explicaron a él los de la «editorial») y que, por tanto, el mío «tenía que ser» mucho más barato si quería venderlo.

Intenté explicarle el **concepto de valor** de diferentes maneras, pero no había forma de hacérselo ver. Finalmente, tomé una servilleta del dispensador (de esas que necesitas veintitrés para limpiarte las manos), fingí que escribía algo en ella, la plegué y le dije mientras se la acercaba deslizándola sobre la mesa:

- Imagina que en esta servilleta está escrita la fórmula que permite transformar el agua en oro. ¿Cuánto me pagarías por ella?
- Todo lo que tenga —me contestó sin pensarlo demasiado.
- ¿Me pagarías 30€?

- Te doy mi casa ahora mismo.
- Pero... esta servilleta pesa muy poco.

Creo que no le supo demasiado bien mi metáfora de la servilleta y que le hiciese ver la incoherencia del punto de vista que defendía, porque lo siguiente que me dijo fue: «a 30€ vas a vender muy poquitos libros», se levantó a pagar la cuenta antes de que el camarero tuviese tiempo de acercarla, se despidió cordialmente y nunca más volvió a ponerse en contacto conmigo.

¿Con esta historia te estoy queriendo decir que puedes poner el precio que quieras a tu libro sin importarte lo que hace el resto del mercado?

No.

Pero sí quiero que entiendas que el precio que fijes para tu libro debe tener un porqué y, especialmente, si estamos hablando de un libro de no ficción, no debe estar basado exclusivamente en su peso.

Cómo fijar el precio de tu libro.

Al igual que el propio proceso de escribir, fijar el precio de tu obra es mitad arte, mitad ciencia. Los aspectos a tener en cuenta a la hora de dar con el importe más adecuado realmente son muchos, pero vamos a ver los que yo considero **los 3 más importantes**:

1. Tus objetivos.

El primer paso para dar con el precio más adecuado es preguntarte a ti mismo cuál es el objetivo de tu libro:

a) Puede que veas tu libro como una inversión o un mininegocio en sí mismo y lo que quieras sea conseguir los máximos beneficios posibles con sus ventas, en cuyo caso seguramente deberías encontrar la mejor relación precio/ventas/ingresos.

Es decir, por lo general y como es lógico, a mayor precio, menos ventas, y a menor precio más ventas. Esto está claro, pero, ¿con qué relación precio/ventas conseguiremos mayores ingresos a final de mes?

b) También es posible que veas tu libro como una forma de hacer llegar tu mensaje y ayudar al máximo número de personas sin importarte los beneficios obtenidos con su venta. Si este es tu caso, parece lógico que cuanto más barato sea tu libro, más personas serás capaz de alcanzar.

CUIDADO: alguien que compra un libro por el simple hecho de que es barato —compra en caliente o impulsiva—, es menos probable que acabe leyéndolo. Además, un precio reducido puede transmitir baja calidad y que esto se refleje en tus reseñas, con lo que a largo plazo acabarías vendiendo menos.

c) Lo más seguro es que el objetivo de tu libro esté en un punto intermedio. Tal vez quieras llegar al máximo número de personas posible sin importarte los beneficios por la venta directa de tu libro, pero... que también esperes conseguir esos beneficios, o más, utilizando tu libro como un medio de captación de clientes a los que venderles después otros productos o servicios; puede que quieras usarlo a modo de currículum para conseguir un nuevo trabajo o un ascenso en tu actual empresa... Las posibilidades son realmente variadas, **lo importante es que tengas claro tu porqué**.

2. La competencia.

Echar un ojo a nuestra competencia es la forma más rápida de hacernos una idea de los precios en los que se mueven el resto de libros dentro de nuestras mismas categorías. Es un muy buen punto de partida para evitar quedarnos cortos o pasarnos de largo.

Pero tampoco te obsesiones con esto. Es solo una referencia. He tenido clientes a los que les aterraba poner el mismo precio que el de otros libros de autores conocidos o de muchas más páginas que el suyo y acababan poniendo su precio únicamente atendiendo a este criterio y sin ninguna estrategia en mente. **Tienes que quitarte ese miedo**.

Amazon ha democratizado tanto la publicación como la venta de libros: no es que puedas publicar tu libro igual que lo hacen tus autores favoritos… ¡es que puedes ponerte por delante de ellos y batirlos en ventas!

A diferencia de lo que ha ocurrido siempre en las librerías tradicionales, donde el puesto destacado (esa estantería reluciente y bien iluminada situada justo a la entrada de la tienda, repleta de arriba a abajo de un único libro) estaba reservado para el gran autor que una gran editorial había decidido promocionar ese mes, en Amazon ese puesto, que no es ni más ni menos que aparecer el primero de la lista cuando un lector realiza una búsqueda (ya sea mediante palabras clave o por categorías), **está reservado... al mejor libro**. No al autor más conocido ni a la editorial que más haya pagado por estar ahí. Si tu libro es el mejor, no importa que sea la primera vez en tu vida que decides publicar ni que no te conozcan ni en tu casa, **aparecerá el primero de la lista**. A la vista de todo el mundo.

¿Y cómo decide Amazon quién es el mejor? Muy fácil: **a base de estrellitas**[13]. Esta es la forma que tienen los lectores en Amazon de mostrar su grado de satisfacción. A más estrellas, más contentos, siendo cinco la máxima puntuación.

Localización de la puntuación o «estrellitas» en la página de producto.

---

[13] Son varios los factores que afectan al puesto que ocupa un libro en Amazon, pero las estrellitas juegan un papel primordial.

Esto, además, juega a tu favor como autor novel por una cuestión de expectativas. Cuando vemos una película en la que tenemos puestas muchas esperanzas porque aparece nuestro actor favorito, es más fácil que nos defraude. Sin embargo, la primera vez que nos «arriesgamos» a invertir nuestro dinero en una película o un libro de un autor desconocido, no tenemos unas expectativas formadas todavía y será más difícil defraudarnos. Por si fuera poco, parece que los lectores también son más permisivos en aspectos como la calidad de impresión o pequeños errores gramaticales, por ejemplo, con los autores autopublicados en comparación con las grandes editoriales, a las que prácticamente se les exige la perfección.

Por si todavía te genera algo de inquietud el poner tu libro al mismo precio que los «grandes escritores», recuerda que yo puse mi primer libro no al mismo precio que la competencia, ¡lo puse exactamente al doble! 10€ el Kindle y 30€ el tapa blanda.

Esta estrategia, aunque arriesgada, tenía un porqué. Primero, para diferenciarme, ya que un libro de un autor desconocido al doble de precio que el resto de obras de autores reconocidos inevitablemente hará que el lector se pregunte: «¿qué diablos tendrá este libro?» (para esto es importante tener buenas reseñas); y segundo, porque yo sabía que mi libro aportaba mucho, pero mucho, valor en comparación con el resto de libros de *branding* del mercado, que parece que hablen exclusivamente para empresas del tamaño de Coca-Cola.

¡Ojo! Si decides poner un precio más alto que el de tu competencia para aumentar el valor percibido, asegúrate de que el valor real no defraude a tu lector.

En cualquier caso, la estrategia más empleada en relación al precio de tu competencia y que además te permitirá dormir tranquilo por las noches (creo que a mí me gusta demasiado el peligro), es lanzar tu libro con un precio algo inferior y cuando alcances un número de reseñas considerable —al menos la mitad de las de la competencia—, lo subas hasta igualarlo.

3. El valor que aportas.

Como le explicaba al amigo de mi primo, a la hora de poner el precio de tu libro, uno de los factores que debes tener en cuenta, especialmente si es de no ficción, es el valor que aporta al lector.

La lógica y las estadísticas de Amazon señalan que estamos dispuestos a pagar más dinero por un libro de no ficción que por uno de ficción. O lo que es lo mismo: estamos dispuestos a pagar más dinero por aliviar un dolor que por pasar un buen rato.

Así que, antes de ponerle precio a tu obra, pregúntate: «¿qué es capaz de hacer mi libro por el lector? ¿Hay algún otro libro en el mercado que aporte lo mismo?». Con esto no quiero decir que tu libro tenga que presentar una solución o idea completamente novedosa. A veces, contar lo mismo desde una perspectiva diferente o con una mejor estructura ya puede aportar de por sí un valor incalculable.

Ahora, ¿quiere decir esto que si tu libro es capaz de solucionar un problema existencial puedes ponerle el precio que quieras? No. Lo que significa es que puedes poner un precio «alto» en relación a tu competencia.

Aunque yo pagaría con gusto más de mil euros por algunos de los libros de mi estantería (me han hecho ganar mucho más que eso), si de verdad quieres vender, tendrás que ponerle un «precio de libro». Todo lo alto que quieras, pero de libro.

Incluso si conocieses el secreto para comer sin engordar, algo por lo que millones de personas darían su brazo derecho, el precio de tu libro tendrá que ajustarse a los estándares esperados. Mi recomendación en este caso sería tal vez utilizar tu obra para posicionarte como experto y conseguir clientes para una consultoría personal o para una de tus conferencias pues, estas sí, puedes cobrarlas al precio que quieras. Es triste que tenga que ser así, pero es a lo que estamos acostumbrados.

Yo he ido (invitado) a conferencias de más de 3.000€ y en ninguna de ellas he aprendido más de lo que ya sabía gracias al libro, de menos de 30€, del autor que impartía la charla.

Estrategias psicológicas.

Veamos ahora dos simples estrategias psicológicas que te ayudarán a vender más libros.

a) La magia del '99.

Nos guste o no, esta burda estrategia que empezó a usarse en el siglo XIX sigue teniendo un importante impacto sobre nuestros hábitos de compra.

Si fijas el precio de tu libro en 5€, por ejemplo, venderás menos que si lo pones a 4,99€. Así de simple. Desde un punto de vista lógico, esto no tiene sentido: 4,99€ es solo un céntimo menos que 5€, algo que no supone absolutamente nada para nuestra economía personal. Sin embargo, nuestro cerebro lo interpreta de manera diferente:

Puesto que leemos de izquierda a derecha, nuestro cerebro, al que le encanta simplificar las cosas, se enfoca en el número delante de la coma. De esta forma, cuando el precio comienza con el 4, el cerebro lo incluye en la categoría de los cuatros (4 euros y fracción) y, en el caso de un precio a partir de 5, lo incluye en la categoría de los cincos.

Otra hipótesis dice que los precios que terminan en 99 céntimos los asociamos con descuentos o promociones puntuales. Y cuando pensamos que estamos ante una promoción, estamos más dispuestos a comprar ahora.

Truco pro: cuando finalmente hayas decidido el precio al que quieres vender tu libro y lo introduzcas en la casilla correspondiente de KDP, no cometas el error de dejar que la propia plataforma haga el cálculo del mismo en el resto de mercados basándose en tu mercado principal (que lo eliges tú). Si, por ejemplo, has decidido usar la estrategia del '99, aplícala manualmente a todos los mercados disponibles. Te llevará menos de un minuto y supondrá una gran diferencia al cabo del año. Solo tienes que pinchar sobre «Otros mercados» y se desplegará una lista con todos los países disponibles.

Pincha aquí para editar el precio en el resto de mercados.

b) Multiprecios.

Si has escrito o planeas escribir más de un libro, puede parecerte una buena idea fijar el mismo precio (aquel que mejor te funcionó en otras ocasiones) para todos, especialmente si tienen la misma temática y una longitud similar. Esto acabará repercutiendo negativamente en tus ventas.

Usar lo que se conoce como un marco de precios múltiples te ayudará a beneficiarte de la **percepción de valor** de los diferentes clientes. Por ejemplo, si pones un libro a 11,99€ y otro a 19,99€, gracias a la comparación de precios que se produce de manera inconsciente en el cerebro del consumidor, atraerás tanto a aquellos lectores que van a la caza de una ganga como a aquellos que prefieren la opción premium.

Experimenta.

Una de las cosas buenas de Amazon es que puedes cambiar el precio de tu libro cuando quieras y todas las veces que quieras.

Puedes empezar fijando el precio de tu obra siguiendo las recomendaciones que te he aportado en este capítulo o puedes hacer justo lo contrario y pasar olímpicamente de mis consejos. Al fin y al cabo, no existe un precio perfecto y por mucho que yo pueda contarte o por muchos casos de éxito que pueda enseñarte, nada podrá sustituir el poder de la experimentación.

¿Eres de los que piensa que el precio de tu libro debe basarse en el número de páginas o palabras? Adelante. El propio Amazon te mostrará tablas de precios atendiendo a este criterio.

¿Has leído en algún lado que el *eBook* debe valer la mitad que el libro físico? Pruébalo.

¿Por el contrario piensas que, si les pones precios similares, por comparativa, se dispararán las ventas del tapa blanda? Inténtalo a ver qué pasa.

Permítete hacer pruebas y no tengas miedo a equivocarte. En el peor de los casos, tendrás un mes de ventas (o beneficios) más flojito y al mes siguiente[14] puedes volver a poner otra combinación de precios (Kindle y tapa blanda) que te haya funcionado mejor anteriormente o intentar algo totalmente nuevo.

---

[14] Te recomiendo que cada prueba dure al menos 30 días para poder sacar conclusiones solidas.

¿Quieres saber un secreto? Me he dado cuenta de que cada vez que hago una pequeña modificación en KDP, ya sea arreglar algún error en la descripción, subir una nueva portada o variar el precio de uno de mis libros, esa semana las ventas suben. No me preguntes por qué, pero **al algoritmo de Amazon le gustan los cambios**. Si eso no te anima a experimentar, no sé qué otra cosa puede hacerlo.

Promociones.

Estar inscrito en el programa KDP Select te permitirá hacer dos tipos de promociones de tu libro de forma totalmente gratuita: los **Kindle Countdown Deals** y las **Promociones de libro gratuito**.

Para iniciar una promoción tan solo debes pinchar en «Promocionar y anunciar» desde tu panel de KDP y, una vez dentro, seleccionar una de estas dos opciones.

Opciones de promoción en KDP Select.

1. Kindle Countdown Deals.

Este tipo de promoción te permite poner tu libro a un precio rebajado durante un período de tiempo limitado. Los clientes podrán ver el precio habitual y el precio promocional en la página de detalles del libro, así como un reloj en el que aparece el tiempo restante durante el que seguirá disponible a ese precio promocional.

Lo único que tienes que hacer es seleccionar una **fecha de inicio** y una **fecha de finalización** (con un máximo de siete días), la **cantidad de aumentos de precio** (con un máximo de cinco tramos) y el **precio inicial**.

Imaginemos que tienes un Kindle cuyo precio normal es de 9,99€ y decides programar este tipo de promoción de lunes a viernes, con tres aumentos de precio y un precio inicial de 1,99€. Con esta configuración Amazon mostraría tu libro a 1,99€ durante 37 horas, a 3,99€ durante las siguientes 37 horas y a 5,99€ las últimas 38 horas antes de volver a su precio original de 9,99€.

Incremento		Duración	Precio	% Descuento
1	21 junio 2020 **a las** 8:00 (PDT)	37h	$1.99	81%
2	22 junio 2020 **a las** 21:00 (PDT)	37h	$3.99	61%
3	24 junio 2020 **a las** 10:00 (PDT)	38h	$5.99	41%
Fin	26 junio 2020 **a las** 0:00 (PDT)		$9.99	

Ejemplo de configuración para Kindle Countdown Deals.

La idea es motivar la compra con el aliciente de que, si lo deja para más adelante, el libro será más caro. A mayor descuento, más motivación.

Este tipo de promoción tiene **dos ventajas principales**:

- **Se mantiene tu opción de regalías.** Obtendrás royalties en función de tu tasa de regalías habitual aplicada al precio promocional. Por ese motivo, si estás inscrito a la opción de regalías del 70%, ganarás un 70% incluso si el precio es inferior a 2,99€ en alguno de los tramos.

- **Más ventas,** tanto por el incentivo que resulta para los lectores el ver un precio rebajado y un crono de cuenta a atrás, como por la mayor visibilidad que consigues al incluirse tu libro en una categoría adicional: «Featured Kindle Countdown Deals».

Requisitos para participar en Kindle Countdown Deals:

- El *eBook* debe llevar inscrito en KDP Select al menos 30 días antes del lanzamiento de la promoción.

- El precio debe haber permanecido invariable durante esos 30 días y mantenerlo durante los 14 días después de realizar la promoción.

- El descuento mínimo es de 1$ en Amazon.com o de 1£ en Amazon.co.uk (los dos únicos mercados disponibles para este tipo de promoción, por el momento).

- Sea cual sea la duración que configures, esto contará como una promoción completa (la promoción no se puede dividir en varios períodos).

- No se ha realizado otra promoción de KDP Select para ese *eBook*. Solo se puede programar una promoción (de libro gratuito o de Kindle Countdown Deals) por período de inscripción en KDP Select (90 días).

- Los Kindle Countdown Deals deben programarse al menos 24 horas antes de la fecha de inicio. Por ejemplo, para que la promoción empiece el 10 de enero, puedes programarla en cualquier momento antes del 8 de enero.

- La promoción Kindle Countdown Deals finalizará, como máximo, 14 días antes de que termine tu período de inscripción en KDP

Select. Si renuevas tu libro en KDP Select por otros 90 días, tu promoción Kindle Countdown Deals puede finalizar el último día de tu período actual de KDP Select.

2. Promociones de libro gratuito.

Este tipo de promoción te permite ofrecer tu libro gratis durante 5 días (seguidos o alternos) por cada período de inscripción en KDP Select (90 días). Y, a diferencia de los Kindle Countdown Deals, **no está limitada** a Amazon.com y Amazon.co.uk.

Lo más recomendable si decides utilizar esta promoción es usar los 5 días seguidos, empezando el domingo y terminando el jueves, ya que son los dos días de la semana con más ventas.

Hace algunos años, el uso de esta promoción daba muy buenos resultados porque durante los días en los que el libro podía adquirirse de forma gratuita, se conseguían muchas descargas (especialmente si se acompañaba de otras estrategias) que hacían subir sus posiciones en el **ranking de libros gratuitos**. Cuando terminaba el tiempo de promoción, el ranking conseguido en esta lista ayudaba a subir posiciones en el **ranking de libros de pago** (el que nos interesa). A día de hoy, este trasvase de posiciones entre estas dos listas ya no se produce, por lo que esta opción es cada vez menos utilizada, aunque puede seguir siendo interesante en algunos casos particulares:

- Autores que publican un libro por primera vez y no tienen ninguna audiencia creada. Puede ser una buena forma de conseguir un volumen importante de descargas con las que darse a conocer y de las que recibir las primeras reseñas.

- Autores que no buscan ganar dinero con su libro. Que un libro sea gratis hará que, sin ninguna duda, más personas lo descarguen. Pero cuidado, más descargas no tienen por qué significar más lectores. Las personas que únicamente se descargan un libro porque es gratis suelen acumular cientos de libros que nunca llegan a leer.

-   Autores que planean convertir su libro en una serie. Puede ser interesante ofrecer el primer libro de forma gratuita como gancho para posteriormente vender el resto de tomos. ¿Por casualidad no te pasaría esto a ti con el primer volumen de esta serie? Sorry :)

Sube tu libro a Amazon

Si has seguido los 7 pasos de este libro, ya tienes listos todos los elementos necesarios para poder subir tu libro a KDP.

Antes de empezar, tan solo vas a necesitar crear una cuenta. Para ello, dirígete a *kdp.amazon.com*, pincha en el botón «Iniciar sesión» y accede con tus datos de Amazon o haz clic en «Registrarse» y crea una nueva cuenta. Rellena tus datos personales y fiscales e indica la cuenta bancaria donde quieres que Amazon te ingrese los *royalties* (mucho mejor que por cheque).

Ya solo queda subir tu libro. Elige por qué formato quieres empezar —Kindle, Paperback or Hardcover— y haz clic en la casilla correspondiente.

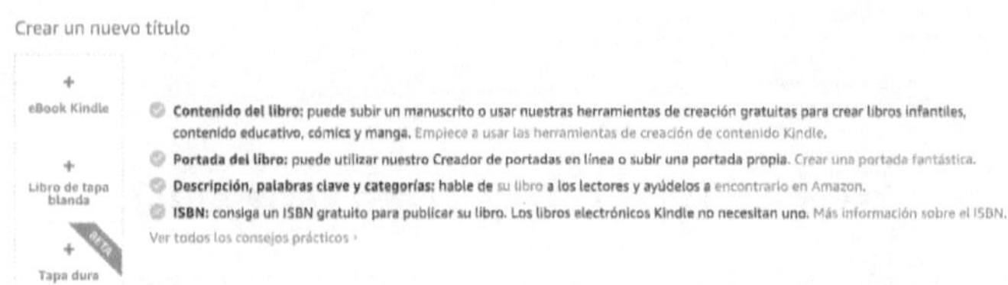

Panel de usuario de KDP.

Verás que los datos a rellenar se clasifican en tres secciones principales: detalles, contenido y precio del libro. Es todo muy sencillo. Tan solo hay cinco puntos que suelen generar dudas la primera vez que subimos un libro (si a ti te surge alguna otra, no dudes en consultarme):

1. **Derechos de publicación**. Elige la primera opción: «Poseo los derechos de autor y tengo los derechos de publicación necesarios».

2. **ISBN físico**. Pincha en «Asignar un ISBN gratuito de KDP».

3. **Territorios**. Selecciona «Todos los territorios».

4. **Gestión de derechos digitales (DRM)**. Te recomiendo que no la habilites, pues está

comprobado que los libros con DRM se venden menos.

5. **Inscripción en KDP Select**. Yo, por supuesto, recomiendo inscribirse pues, como ya he comentado, en mis experimentos he conseguido mejores resultados (mayores beneficios), pero es una decisión personal.

¡Y se acabó!

Habrás comprobado que, como te dije al inicio de este libro, autopublicar un libro en Amazon (subirlo a KDP) es cuestión de no más de treinta minutos, pero autopublicar un libro en Amazon **bien y con las máximas garantías éxito** requiere de algo más de preparación para poder organizar de forma correcta cada uno de los apartados que hemos repasado.

Espero haberte sabido transmitir la importancia de cuidar cada uno de estos 7 pasos y habértelos explicado de forma clara y sencilla para que tú también puedas, **sin necesidad de editorial alguna**...

¡Triunfar con tu libro!

Bueno, ¿y qué más?

Lo primero y antes que nada...

¡Felicidades por haber llegado hasta aquí!

Son muy pocas las personas que consiguen escribir un libro a lo largo de sus vidas, pero son menos todavía las se toman el tiempo y el interés necesario para hacer que este legado llegue a las manos de sus lectores con la calidad que merece.

Que no hayas caído en el timo de la imprenta, que hayas decidido no depender de lo que diga una editorial y que hayas conseguido autopublicar tu libro sin que parezca autopublicado, es algo de lo que estar muy orgulloso.

Si has seguido todos los pasos de esta guía, habrás conseguido:

- Una edición profesional a precios de aficionado gracias al uso de los *marketplaces*.
- Maquetar tu libro igual o mejor de lo que lo haría cualquier editorial mediante el uso de plantillas.
- Diseñar y validar la portada de tu libro eligiendo entre más de cien propuestas diferentes.
- Potenciar las ventas de tu libro gracias a una buena búsqueda de palabras clave.
- Multiplicar tus posibilidades de ser autor *bestseller* con una correcta selección de categorías.
- Etc.

¿Y ahora qué?

Si has escrito y publicado tu libro siguiendo las recomendaciones de Triunfa con tu libro 1 y 2 respectivamente, ya solo te queda un último paso imprescindible para poder proclamar con orgullo que eres **escritor profesional** y que tus libros no son un mero hobbie: **¡venderlo!**

- ¿Te gustaría convertir tu libro en un **bestseller en menos de 24 horas**?
- ¿Quieres saber cómo **trasformar tu bestseller en un longseller**?
- ¿Por qué las reseñas son la clave del éxito, o del fracaso, de un libro?
- ¿Cómo conseguir reseñas en Amazon?
- ¿Es posible **jubilarse con un solo libro... y en menos de un año**?
- ¿Cómo **garantizar 600€/mes** con las ventas de tu libro?
- ¿Quieres traducir tu libro de forma gratuita?
- ...

Las respuestas a todas estas preguntas, y muchas más, las encontrarás en la tercera y última entrega de Triunfa con tu libro: **Cómo vender un libro en Amazon... ¡y a vivir!**

Consigue el tuyo ahora

www.soykevinalbert.com/books/tctl3

Tanto si quieres poder vivir gracias a tu/s libro/s como si lo que buscas es compartir tu mensaje con el mayor número de personas posible, **necesitas aprender cómo vender tu libro.**

Importante

Como todos mis libros, esta es una versión beta, es decir que, al igual que yo mismo (sí, soy un *macho beta*), irá mejorando con el tiempo y la experiencia. Para que esto sea así, **tu opinión es imprescindible**.

Por favor, déjame una reseña en tu plataforma favorita y **cuéntame qué te ha parecido**. ¿Qué es lo que más te ha gustado? ¿Hay algo que hayas echado en falta? ¿Añadirías o quitarías alguna parte? ...

Si por cualquier motivo mi libro te ha parecido una basura, por favor escríbeme un email y te devolveré el 100% de tu dinero por haberte hecho perder el tiempo y/o resolveré cualquier duda que haya podido quedarte.

El principal motivo que me empuja a seguir escribiendo es ayudar a las personas y si no lo estoy consiguiendo, gustosamente me dedicaré a otra cosa.

¡Un abrazo, amigo escritor!
Kevin Albert

¡Un regalo solo para ti!

¿Te gustaría leer **mi próximo libro completamente GRATIS**? ¡Escanea el código que aparece debajo y **apúntate a mi club de lectores**!

Te esperan grandes sorpresas: sé el primero en leer mis nuevos lanzamientos, escucha mis audiolibros de forma gratuita, consigue copias firmadas y dedicadas... ¡y mucho más!

Otros libros de Kevin Albert